決定版！

パラスポーツ大百科 6

［水泳・ウィンタースポーツ ほか］

監修 藤田紀昭 日本福祉大学教授

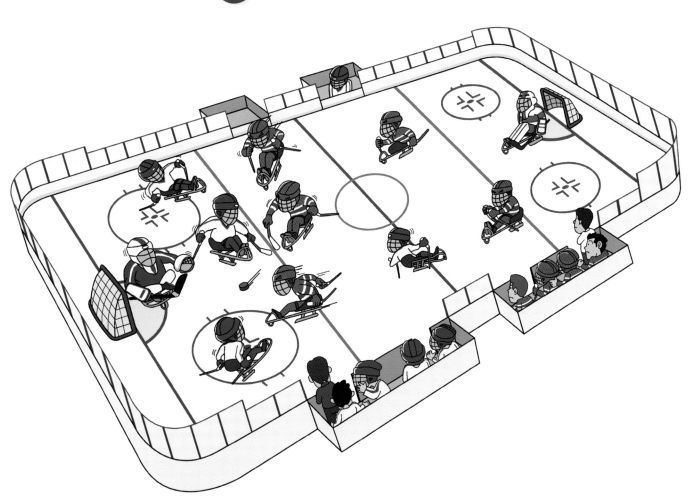

もくじ

この本に出てくるパラスポーツに関する用語

肢体不自由

運動機能に障がいがある状態のことで、全ての身体障がいの約半数を占めます。

「肢体」とは主に手と足を指す言葉で、広くは頭や胴体を含めた体全体を指します。「肢」は手足、「体」は頭や首（頸）、胴体のことを指します。胴体は特に「体幹」とも呼ばれます。

上肢（手や腕）・下肢（大腿部・下腿・足）の障がいは、重い順に1級から6級までに分けられます。

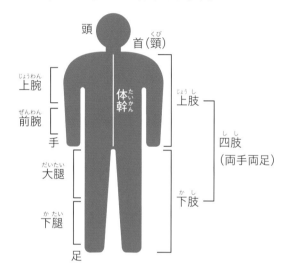

【関連する用語（障がいの原因・疾患）】

●脳性まひ
酸素欠乏や感染、奇形などによる脳の損傷のことで、いろいろな運動困難や筋肉のこわばりなどを起こします。

●脊髄損傷
脊髄（背骨を形作る脊椎の内部を通る神経の束）が事故などによって傷つき、脳から体への指令、体から脳への信号がうまく機能できなくなることをいいます。

【関連する用語（症状・状態）】

●対まひ
脊髄損傷などが原因で、両足が思うように動かせない障がいのこと。左右どちらかのまひの場合は「片まひ」といいます。

●痙性まひ
脳や脊髄の損傷によって、手足が突っぱり、関節を自由に動かせない運動障がいをいいます。

●筋緊張亢進
筋肉に常に力が入っていて、力を抜くことや、コントロールすることが難しい状態をいいます。

●運動失調
運動の動作を円滑に行うことが難しい状態のこと。協調運動障がい（ラジオ体操のように手足を同時に別々に動かすことができないなど）も含みます。

●アテトーゼ
筋肉のコントロールが難しく、自分の意思と関係なく、常に体の一部が動いてしまう状態のことです。

●痙直型
手足が硬直して、手先や足先が常に突っぱったような状態になることをいいます。

●四肢欠損
生まれつき、手足の一部または全部を失った状態。事故や病気などで手や足の一部を失う「切断」も含みます。

●他動関節可動域制限
関節の動きがうまくできない状態をいいます。

●筋力低下
手足や腹筋・背筋などの筋力が低下した状態をいいます。

●筋強直
筋肉がこわばってうまく動かせない状態をいいます。

●脚長差
先天的または外傷などで片足の骨が短くなるなど、左右の足の長さが異なっている状態のことをいいます。

●低身長症
軟骨の発育不全などの病気により、身長の発育が制限されている状態。身長が男子は145cm以下、女子は137cm以下などの条件があります。

●体幹が利かない
「体幹」とは頭や首、上肢・下肢を除いた胴体部分のこと。「体幹が利かない」は、上半身を真っ直ぐに支えることが難しい状態を指す言葉で、重度の障がいに分類されることが多い状態です。

視覚障がい

視力や視野に障がいがあり、ふだんの生活の中で支障がある状態のこと。障がいの重い順に1級から6級までに分けられます。

【関連する用語】
●矯正視力
近視や乱視などの矯正眼鏡をかけた状態のこと。
●視力
万国式試視力表（ランドルト環による視力表など）によって測った視力。
●視野
視線をまっすぐ前にして動かさない状態で見える範囲のこと。これが狭い状態を「視野狭窄」といいます。
●全盲
医学的に光を感じない状態。5人制サッカーやゴールボ

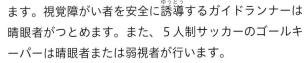

ランドルト環の視力表

ールなどでは、選手間の不公平をなくすために、アイマスクをして出場選手を全て同じ全盲の状態にして試合をします。
●光覚
光を感じられる程度。
●弱視
「ロービジョン」ともいい、視力が低い、視野が狭い、薄暗いところで見えないなど、目が見えにくいさまざまな状態を指します。
●晴眼者
目が見える人のことをこう呼びます。視覚障がい者を安全に誘導するガイドランナーは晴眼者がつとめます。また、5人制サッカーのゴールキーパーは晴眼者または弱視者が行います。

アイマスクをしてプレーする5人制サッカーの選手

マラソンのガイドランナー（左）

聴覚障がい

耳の機能の障がいで聴覚が不自由なこと。障がいの重い順に2級から6級まであり、言葉を覚えた後に聞こえなくなり、話すことができる「**中途失聴者**」、補聴器を使えば会話できる「**難聴者**」、言葉を覚える前に失聴し、口話による会話が難しい「**ろう者**」に分類されます。団体競技では、手話やアイコンタクトなどを頼りにプレーします。

【関連する用語】 ●健聴者　耳が聞こえる人のこと。

「集中しよう」と仲間に呼びかける聴覚障がいのサッカー選手

知的障がい

知的機能の障がいがあり、認知能力が全般的に遅れている水準にあること。知能指数（IQ）と同時に適応能力にも制限があり、これらが18歳未満で生じている場合のことをいいます。

立位と座位

「**立位**」は立った状態のこと。車いすなどを使わずに競技に臨むことを表す言葉としてよく使われます。義足やクラッチ（松葉杖のような体を支える用具）を使用するクラスなどを指すこともあります。

「**座位**」は座った状態のこと。脳性まひや脊髄損傷で体幹が安定せず、「座位が保てない状態」などという使われ方をします。また、車いすなどに座った状態で競技に臨むことを表す言葉としてもよく使われ、「レーサー」などの競技用具

義足（左）とクラッチ（右）を使用する選手

短距離用車いす「レーサー」を使用する選手

を含むほか、冬季種目のチェアスキーなども指します。氷上そり（アイススレッジ）を使う競技もあります。

水泳

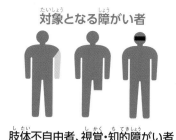

対象となる障がい者

肢体不自由者、視覚・知的障がい者

どんな競技?

障がい者の水泳はパラスポーツの中でも歴史が古く、1960年の第1回パラリンピック・ローマ大会から正式な競技になっています。

種目には、一般の水泳のように自由形・背泳ぎ・平泳ぎ・バタフライの泳法があり、それぞれ50mや100m、リレーなどがあります。対象となる障がいは、肢体不自由、視覚障がい、知的障がいなどで、2020年東京大会では14のクラスで競技が行われます。男子は76種目、女子は67種目、混合3種目があります（2020年10月現在）。

ルールは基本的に一般の水泳と同じですが、障がいに応じて、スタートの方法もいろいろな形が認められています。また、視覚障がい者の場合は、壁にぶつかってけがをしないように棒を使って壁の接近を知らせる「タッピング」が行われます。

障がいで体の左右に差がある選手にとって、まっすぐに泳ぐことすら難しいもの。選手たちはそれぞれの障がいを乗りこえ、並外れた練習量で最適な泳ぎ方を体得します。その姿は、パラリンピックの精神「残されたものを最大限活かせ」そのものといえます。

力強いストロークで泳ぐ選手たち（2019年日本パラ水泳選手権男子50mバタフライS9クラス決勝）（写真：SportsPressJP/アフロ）

パラリンピックでは、泳法や障がいの種類・程度により、図のようにクラス分けが行われます。

クラス	種目
S SB SM	自由形・背泳ぎ・バタフライ 平泳ぎ 個人メドレー

たとえば **SB7** とは‥

肢体不自由の選手が平泳ぎを泳ぐ際のクラスで、9分類のうちの7番目のクラスを表します。

クラス		対象となる選手
1 2 3 4 5 6 7 8 9 10	重い 障がいが 軽い	脊髄損傷・切断・脳性まひなどの肢体不自由 （SBクラスは9段階まで）
11 12 13	重い 障がいが 軽い	視覚障がい
14		知的障がい

スタートを待つ下肢障がいの選手。義足などの装具は着けないで競技が行われます（写真／日本身体障がい者水泳連盟）。

4つの 泳法 パラリンピックでは、自由形、背泳ぎ、バタフライ、平泳ぎの4つの泳法、および個人メドレーが行われます。

自由形（クラスS）

パラリンピックでは、50m・100m・200m・400mがあり、性別と障がいの種類や程度により、合わせて48の種目が実施されます。一般的にはクロールが用いられますが、障がいの種類によっては別の泳法の方がタイムが上がることもあり、たとえば平泳ぎで参加する選手もいます（写真：アフロスポーツ）。

背泳ぎ（クラスS）

50m・100mがあり、性別と障がいの種類や程度により、合わせて30の種目が実施されます。スターティンググリップを握り、水中からスタートしますが、上肢に障がいがあってグリップを握ることが難しい選手は、口にくわえたタオルやひもを放すことによってスタートすることが認められています（写真：千葉格/アフロ）。

バタフライ
（クラスS）

50m・100mがあり、性別と障がいの種類や程度により、合わせて18の種目が実施されます。ゴールでは一般的には両手タッチが義務（ぎむ）づけられていますが、パラ水泳では、片手が欠損（けっそん）している場合などは、折り返しやゴールなどで片手のタッチが認められています。また、上肢を伸ばしても頭より短い場合は、頭など、上半身のどの部分でタッチしてもよいことになっています（写真：アフロスポーツ）。

平泳ぎ（クラスSB）

50m・100mがあり、性別と障がいの種類や程度により、合わせて23の種目が実施されます。片手が欠損している場合などは、バタフライと同じく、片手での折り返しやゴールタッチが認められています。写真の中村智太郎（なかむらともたろう）選手（SB6クラス）のように両腕を欠損している場合などは、頭でゴールタッチしてもよいことになっています（写真：YUTAKA/アフロスポーツ）。

リレー

4人が交代で背泳ぎ→バタフライ→平泳ぎ→自由形の順に泳ぐメドレーリレーと、全員自由形で泳ぐフリーリレーがあります。また、国際（こくさい）大会では、4人の泳者のクラスをポイントにして、合計34点以内におさめなければならない34ポイントリレー（34ポイントメドレーリレー）なども実施されます。

34ポイントリレーのチーム構成（こうせい）の例

	第1泳者	第2泳者	第3泳者	第4泳者	合計
チームA	S8	S9	SB8	S9	34
チームB	S10	S8	SB8	S8	34

※各泳法の種目の数は、パラリンピック東京2020大会で実施される予定に基づいています。　9

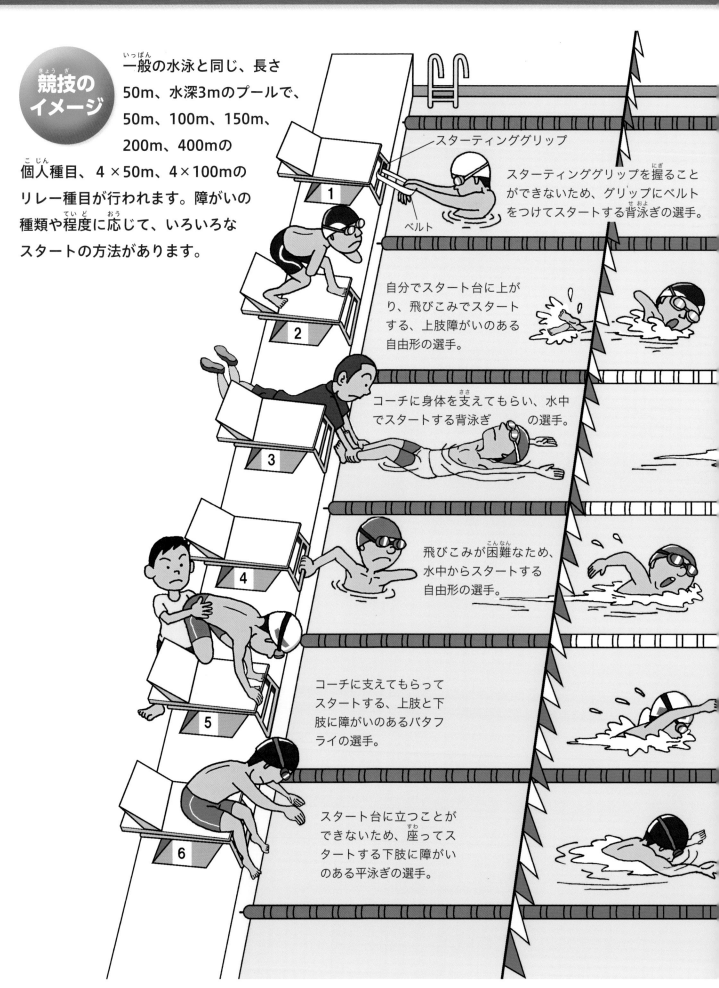

競技のイメージ

一般の水泳と同じ、長さ50m、水深3mのプールで、50m、100m、150m、200m、400mの個人種目、4×50m、4×100mのリレー種目が行われます。障がいの種類や程度に応じて、いろいろなスタートの方法があります。

スターティンググリップ

ベルト

スターティンググリップを握ることができないため、グリップにベルトをつけてスタートする背泳ぎの選手。

自分でスタート台に上がり、飛びこみでスタートする、上肢障がいのある自由形の選手。

コーチに身体を支えてもらい、水中でスタートする背泳ぎの選手。

飛びこみが困難なため、水中からスタートする自由形の選手。

コーチに支えてもらってスタートする、上肢と下肢に障がいのあるバタフライの選手。

スタート台に立つことができないため、座ってスタートする下肢に障がいのある平泳ぎの選手。

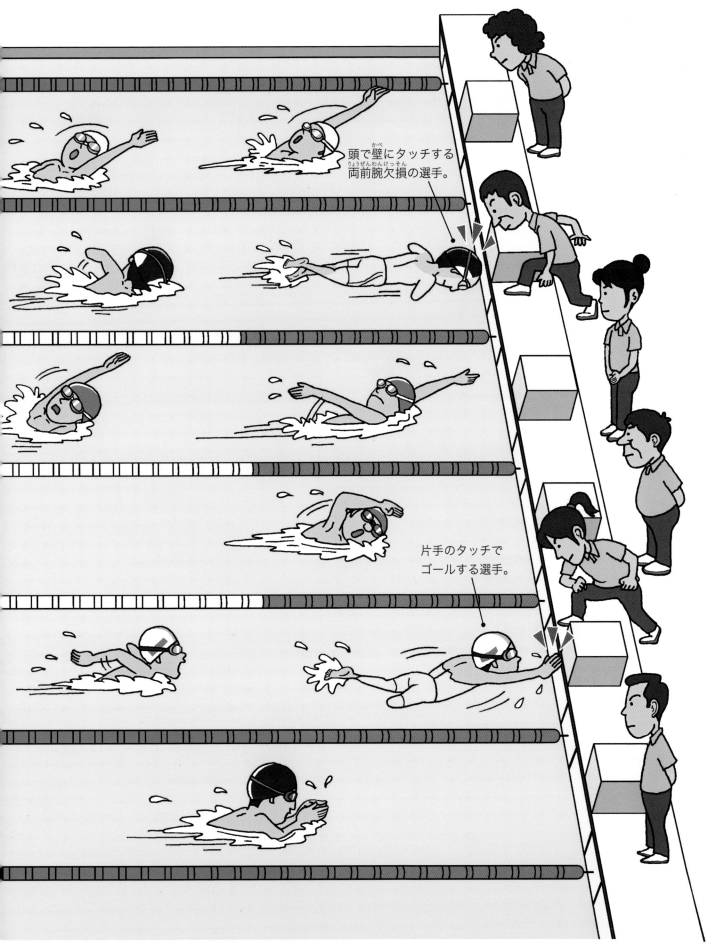

頭で壁にタッチする
両前腕欠損の選手。

片手のタッチで
ゴールする選手。

平泳ぎの全盲の選手に頭をタップして壁が近いことを知らせるコーチ（写真：YUTAKA/アフロスポーツ）。

●タッピング

視覚障がいのある選手には、プールの壁を認識することができないことがあるため、勢いよくゴールすると大けがをしかねません。

そのため、コーチがゴールやターンの直前に長い棒で選手の身体にタッチし、壁が近いことを知らせます。この棒を「タッピング棒」といい、障がい者水泳ではおなじみの光景になっています。

タッチのタイミングは、早すぎればタイムロスにつながり、遅すぎれば壁に衝突する危険を伴います。またタッチする身体の場所と強さも重要になります。選手とタップするコーチは日々コンビネーションを磨き、本番で持てる力を発揮できるように取り組んでいます。

背泳ぎの選手には側頭部をタップします（写真：AP/アフロ）。

●スタートの補助

　頚髄損傷などの選手は足をけり出すことができません。また、まひなどで体幹が利かない選手は動かずにじっとしていることが難しいケースがあります。こうした場合は、スタート台の上でコーチが選手の体を支えたり、水中で足が壁から離れないように支えたりすることが許されています。

写真上／2015年のジャパンパラ水泳。重度の障がいを持つ選手の足が壁から離れないように、コーチがスタートを支えます（写真：アフロスポーツ）。
写真左／2016年ジャパンパラ水泳女子50m自由形S7クラス決勝。スタート台の上で、体幹の利かない選手のスタートをコーチが支えます（写真：アフロスポーツ）。

パラローイング

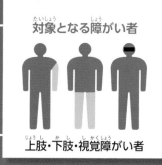

対象となる障がい者

上肢・下肢・視覚障がい者

どんな競技?

上肢・下肢障がいや視覚障がいのある選手が行うボート競技です。選手たちは、ブイで仕切られた6つのレーンに分かれ、2000mの直線コースでその速さを競います。

障がいのクラスで、出場種目が決まっているのがパラローイングの特徴のひとつです。たとえばパラリンピックでは次の4つの種目があります。重い下肢障がいがあって体幹の利かない選手がひとりで漕ぐ「シングルスカル」（男子・女子）、下肢障がいがあって体幹が利く男女が組みになっ

て漕ぐ「混合ダブルスカル」、四肢に障がいがある選手や視覚に障がいのある選手、男女2人ずつ計4人が組みになり、これに舵手（コックス）が同乗して漕ぐ「混合舵手つきフォア」です。

ルールはシンプルで、先にゴールした選手が勝ちです。しかしシンプルな反面、選手たちは自分の障がいを考え合わせ、いちばん速く漕ぐことができる方法を編み出して試合に臨むという奥深さがあるのがパラローイング。それぞれの選手の漕ぎ方に注目して観戦するのも、この競技の楽しみ方のひとつです。

競技場のイメージ

シングルスカルのようす。「スカル」とは、オールを両腕で左右対称に漕ぐ種目のことをいいます。

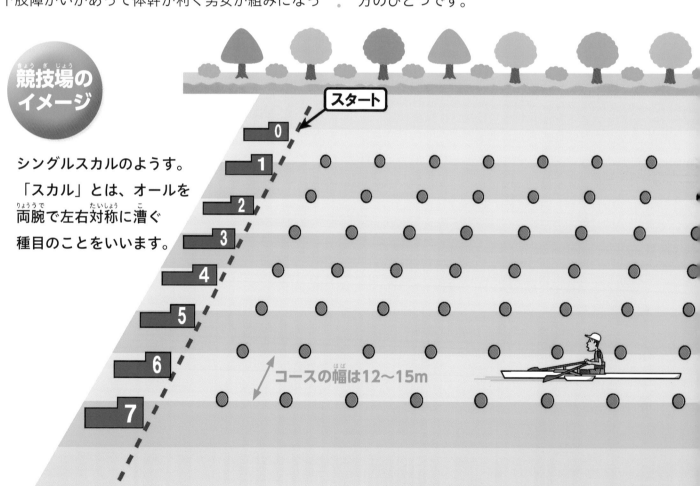

スタート

0
1
2
3
4
5
6
7

コースの幅は12〜15m

もっとも障がいの重いクラスの選手が漕ぐ「シングルスカル」。オールを固定する左右のリガーに、転倒防止用の浮きがついています（写真提供／日本ボート協会）。

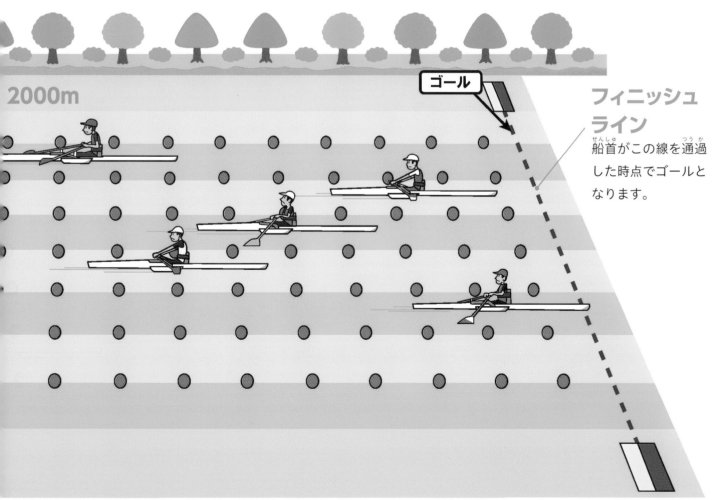

2000m

ゴール

クラスと種目 パラリンピックでは、男子と女子のシングルスカル、男女混合のダブルスカル、男女混合の舵手つきフォアの4つの種目が行われます。

クラス		対象となる選手	
PR1	シングルスカル（男子・女子）		体幹が利かず、上肢と肩だけで漕ぐ選手。
PR2	混合ダブルスカル		体幹と上肢を使って漕ぐ選手。スライド式シート（右ページ）を使うことができない。
PR3	混合舵手つきフォア		四肢、または視覚に障がいがある。スライド式シートを使うことができる。

シングルスカル

背もたれのついた固定シートに胴体をベルトで固定します。オールを支えるリガーのところに浮きを取りつけ、転覆しないように安全を確保して競技を行います。

ベルト

リガー　　浮き　　オール

混合ダブルスカル

男女1人ずつペアで漕ぎます。体幹が利く選手が対象のため、背もたれはついていません。

混合舵手つきフォア

男女2人ずつの合計4人で漕ぎ、舵手（コックス）が同乗します。舵手は進行方向を修正したり、選手が息を合わせるように声を掛けたり、レースの状況を見極めて指示を出したりする役目があります。また、視覚障がい者はボートの動きや水音、ほかの選手が発する音や声を聞いて漕ぎますが、タイミングがずれたときは、舵手のコールを頼りに修正します。

舵手

コックス（右端）の掛け声が試合を左右します（写真提供／日本ボート協会）。

スライド式シートとは

一般のボートのシートは脚を伸ばしてオールを引いて漕ぐスライド式（左）ですが、下肢障がいのある選手は脚を使うことができないため、シートがスライドしません。このため、PR1・PR2の選手たちは、腕や肩など、上半身の力だけでオールを漕ぎます（右）。

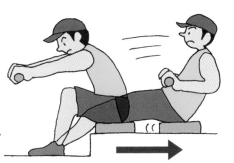

カヌー

対象となる障がい者

下肢障がい者

どんな競技?

カヌー（パラカヌーとも呼ばれます）は、おもに下肢障がいのある人が対象のカヌー競技です。流れや波のない静かな水面上のコースで200mのタイムを競うスプリントレースで「水上のF1」といわれることもあります。

幅がわずか50cmほどのバランスがとりにくい艇を、おもに上半身の力を使い、パドル1本でたくみに漕ぎ進めます。水しぶきを浴びながら水面を力強く進むスピード感、そしてゴール前の駆け引きが見どころです。

カヌーそのものの形で種目が分かれます。ひとつは両端に水かきがついたパドルを使う**カヤック**で、2016年のパラリンピック・リオデジャネイロ大会で初めて実施されました。もうひとつが、片方だけに水かきのあるシングルブレードパドルで漕ぎ、「アマ」という小さな浮力体が片側についた艇を使う**ヴァー**。こちらは2020年東京大会から新たに加わる予定です（2020年10月現在）。

力強いパドルさばきを見せるカヌーの選手たち（写真提供／日本障害者カヌー協会）。

競技場のイメージ

流れのない静水につくられた200mのコースです。右の図はカヤックのようすで、幅が9mのコースのうち、中央の4m幅から外れると失格になります。

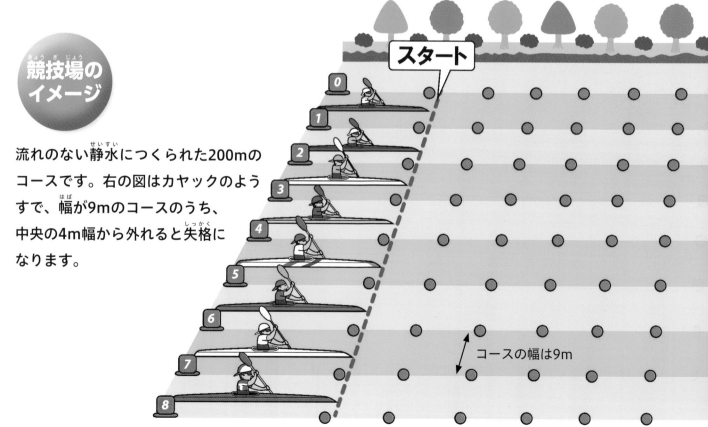

スタート

コースの幅は9m

いろいろな下肢障がいのある選手が対象です。踏んばりが利くかどうかと、体幹が使えるかどうかがクラス分けのポイントになります。

クラス	対象となる選手		
L1	重い		胴体が動かせず、肩と腕だけで漕ぐ。体幹が利かず、座ってバランスをとることが困難で、高い背もたれが必要。
L2	障がいが		上半身すべての力を使って漕ぐ。部位によって使える範囲があるが、継続して座位を保つことや踏んばることは困難。
L3	軽い		上半身と腰を使うことができ、体幹が利く。腰を使ってバランスをとることができる。下肢切断などの選手。

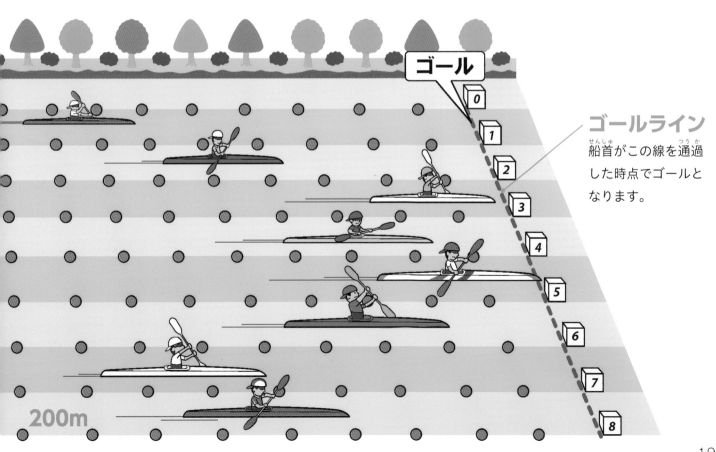

ゴール

ゴールライン
船首がこの線を通過した時点でゴールとなります。

200m

スピード感あふれるカヤック（写真／日本障害者カヌー協会）。

●カヤック

カヌー競技で一般的な全長5mほどの艇を、両端にブレード
（水かき）がついたダブルブレードパドルで漕ぎます。

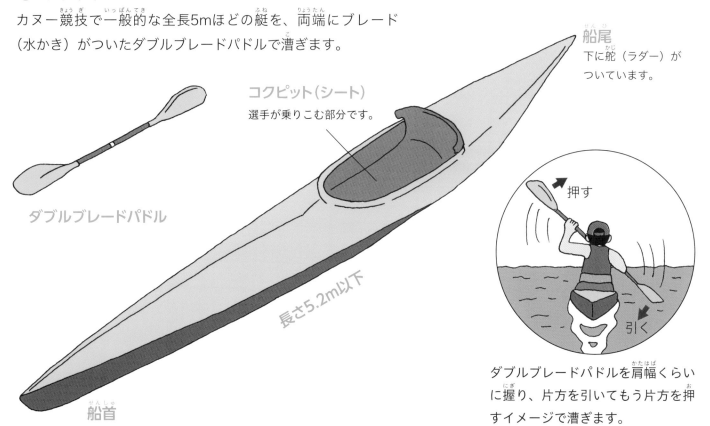

ダブルブレードパドル

コクピット（シート）
選手が乗りこむ部分です。

船尾
下に舵（ラダー）が
ついています。

長さ5.2m以下

船首

押す

引く

ダブルブレードパドルを肩幅くらい
に握り、片方を引いてもう片方を押
すイメージで漕ぎます。

まっすぐ進むために、高いパドリング技術を要求されるヴァー（写真／日本障害者カヌー協会）。

●ヴァー

片側にアマ（アウトリガー）と呼ばれる浮力体が
ついた形の艇です。片側だけにブレードがついた
シングルブレードパドルを使います。真っ直ぐに
進むためには、高いパドリング技術が必要です。

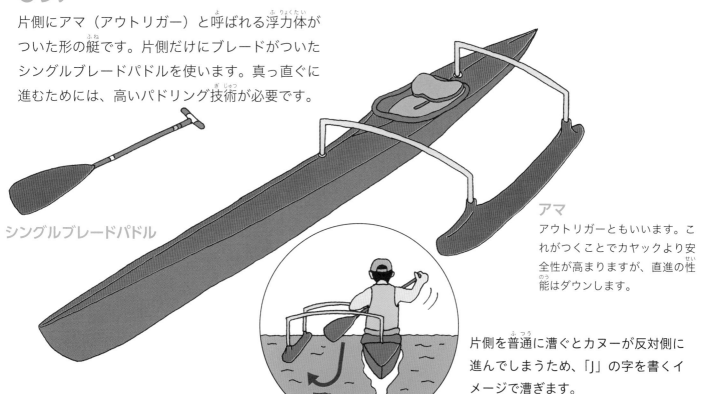

シングルブレードパドル

アマ

アウトリガーともいいます。こ
れがつくことでカヤックより安
全性が高まりますが、直進の性
能はダウンします。

片側を普通に漕ぐとカヌーが反対側に
進んでしまうため、「J」の字を書くイ
メージで漕ぎます。

アルペンスキー

どんな競技?

アルペンスキーは、雪山の斜面に設置された旗門のコースを滑り降り、そのタイムを競う冬季スポーツの花形競技です。障がい者によって行われるアルペンスキーも、基本的に一般のアルペンスキーと同じコースを滑ります。

最大斜度40度にもなる急斜面で、100分の1秒を争うスピードや、バランスをうまく保つテクニックの両方が必要になります。雪質や地形、旗門の位置などを読み、戦略を立ててうまくゴールまで滑り切ることがポイントとなります。

アルペンスキーには高速系の種目と、技術系の種目があります。高速系には、長い距離を最速のスピードで滑り降りる**滑降**（ダウンヒル・DH）と、滑降よりもターンが多い**スーパー大回転**（SG）、技術系には、スピードとターン技術の両方を求められる**大回転**（ジャイアントスラローム・GS）と、旗門数が最も多い**回転**（スラローム・SL）があり、スーパー大回転と回転を1本ずつ滑る**スーパー複合**の合計5種目が行われます。

選手たちは、立位、座位、視覚障がいのカテゴリーに分かれ、それぞれのカテゴリーでは、滑ったタイムに障がいの程度を考慮した「係数」がかけられ、不公平のないくふうがされています。

アウトリガーでコントロールしながらたくみにターンするアルペンスキーの選手（写真／日本障害者スキー連盟）。

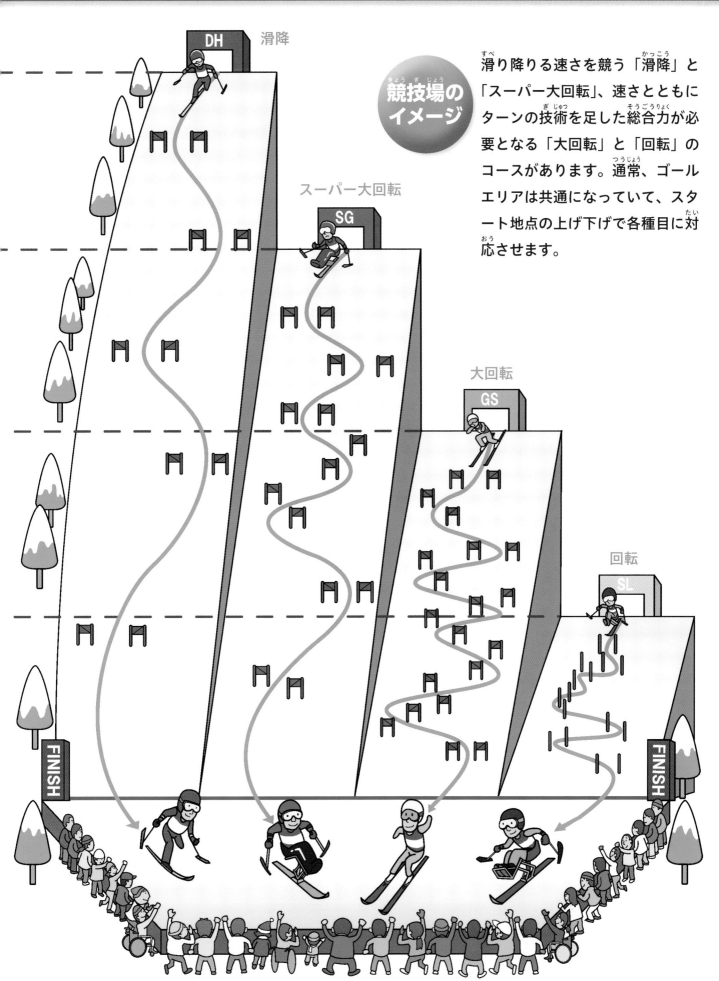

滑降

DH

スーパー大回転

SG

大回転

GS

回転

SL

滑り降りる速さを競う「滑降」と「スーパー大回転」、速さとともにターンの技術を足した総合力が必要となる「大回転」と「回転」のコースがあります。通常、ゴールエリアは共通になっていて、スタート地点の上げ下げで各種目に対応させます。

FINISH

FINISH

カテゴリーと クラス分け

アルペンスキーには、スタンディング（立位）・シッティング（座位）・ビジュアリーインペアード（視覚障がい）の３つのカテゴリーがあり、それぞれ障がいの種類や程度によってクラス分けが行われます。

●スタンディング（立位）

立った状態で滑ります。義足で滑る選手、スキー板１枚で滑る選手、ストックを使わない選手、アウトリガーを使う選手などがいます。

アウトリガー

クラス	対象となる選手		
LW1 LW2 LW3 LW4	障がいが	重い ↑ ↓ 軽い	下肢障がい
LW5/7-1 LW5/7-2 LW5/7-3 LW6/8-1 LW6/8-2	障がいが	重い ↑ ↓ 軽い	上肢障がい
LW9-1 LW9-2	障がいが	重い ↑↓ 軽い	上下肢障がい

●シッティング（座位）

サスペンションがついたチェアスキーを使って滑ります。

サスペンション

クラス	対象となる選手		
LW10-1 LW10-2 LW11 LW12-1 LW12-2	障がいが	重い ↑ ↓ 軽い	下肢障がい

●ビジュアリーインペアード（視覚障がい）

視覚障がいを補うために、マイクとスピーカーをつけたガイドといっしょに滑ります。

マイク
スピーカー

クラス	対象となる選手	
B1 B2 B3	重い 障がいが 軽い	視覚障がい

係数とは・・・

高速で雪面を滑り降りるアルペンスキーでは、わずかな障がいの差が結果に大きく関わり、クラス分けを設けても公平でない場合が出てきます。このため、クラス（選手）ごとに障がいに応じた係数がかけられます。この係数によって同じカテゴリーの中でも、遅いタイムの選手の方が勝つ場合があります。

	A選手	B選手
実際のタイム	100秒	110秒
係数	90%	80%
タイム	90秒	88秒
勝敗	負	勝

使われる用具

チェアスキー

座位の選手が使います。時速100kmのスピードや激しいターンにも耐えられる設計になっています。障がいや体の特徴に合わせて選手ごとにオーダーメイドでつくります。日本製のチェアスキーは機能面ですぐれ、世界から注目されています。

アウトリガー

チェアスキーに乗る選手や下肢障がいの選手がストックの代わりに使います。先端の板を雪面に当てて滑らせながら、バランスをとって滑ります。

クロスカントリースキー

対象となる障がい者

上肢・下肢・視覚障がい者

どんな競技?

クロスカントリースキーは、別名「雪原のマラソン」と呼ばれ、最大20kmにおよぶ雪の上のコースをスキーとストックだけを使って滑り、順位を競う競技です。障がい者クロスカントリースキーは、一般的なクロスカントリースキーと同様のコースが設定されています。1976年にスウェーデンで開催された第1回冬季パラリンピックから実施されていて、ヨーロッパなどを中心にとても人気の高い競技です。

短距離から長距離までさまざまな種目があり、コースには上り、下り、平地がバランスよく構成されています。選手たちは持てる限りの筋力と持久力、リカバリー力を発揮し、ゴールでは倒れこむ選手が続出する、過酷なレースともいえます。

「スタンディング（立位）」、「シッティング（座位）」、「ビジュアリーインペアード（視覚障がい）」の3つのカテゴリーがあり、障がいの種類や程度によってそれぞれ細かくクラス分けがされています。また同じカテゴリーの中でも、クラス（選手）ごとに係数が決められ、できる限り公平に競技が行われるようにくふうされています。

ビジュアリーインペアードの日本人選手（中央）とガイド（写真／日本障害者スキー連盟）。

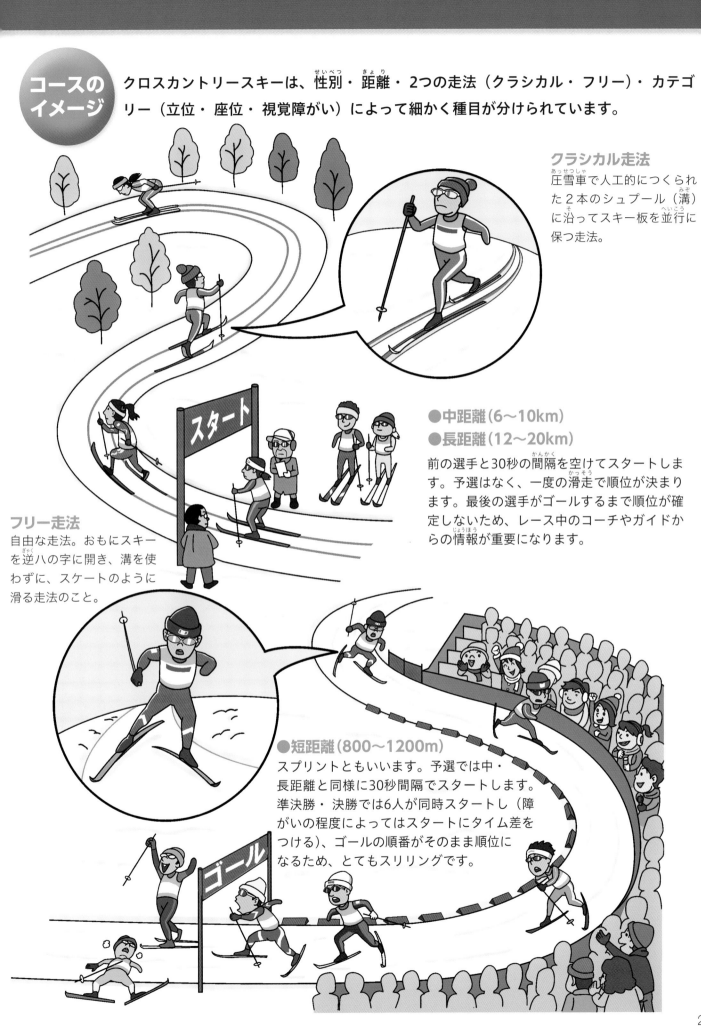

コースのイメージ

クロスカントリースキーは、性別・距離・2つの走法（クラシカル・フリー）・カテゴリー（立位・座位・視覚障がい）によって細かく種目が分けられています。

クラシカル走法
圧雪車で人工的につくられた2本のシュプール（溝）に沿ってスキー板を並行に保つ走法。

フリー走法
自由な走法。おもにスキーを逆ハの字に開き、溝を使わずに、スケートのように滑る走法のこと。

●**中距離（6〜10km）**
●**長距離（12〜20km）**
前の選手と30秒の間隔を空けてスタートします。予選はなく、一度の滑走で順位が決まります。最後の選手がゴールするまで順位が確定しないため、レース中のコーチやガイドからの情報が重要になります。

●**短距離（800〜1200m）**
スプリントともいいます。予選では中・長距離と同様に30秒間隔でスタートします。準決勝・決勝では6人が同時スタートし（障がいの程度によってはスタートにタイム差をつける）、ゴールの順番がそのまま順位になるため、とてもスリリングです。

カテゴリーと
クラス分け

クロスカントリースキーには、スタンディング（立位）・シッティング（座位）・ビジュアリーインペアード（視覚障がい）の３つのカテゴリーがあり、それぞれ障がいの種類や程度によってクラス分けが行われます。

●スタンディング（立位）

立った状態で２本のスキー板で滑ります。義足をつけて滑る選手や、ストックを使わない選手もいます。

クラス	対象となる選手		
LW2 LW3 LW4	障がいが ⬆ 重い 軽い		下肢障がい
LW5/7 LW6 LW8	障がいが ⬆ 重い 軽い		上肢障がい
LW9			上下肢障がい

●シッティング（座位）

全ての選手が、フレームとスキー板が合体した「シットスキー」に乗って滑走します。

クラス	対象となる選手	
LW10 LW10.5 LW11 LW11.5 LW12	障がいが ⬆ 重い 軽い	下肢障がい

●ビジュアリーインペアード（視覚障がい）

視覚障がいを補うために、マイクとスピーカーをつけたガイドといっしょに滑ります。

クラス	対象となる選手	
B1 B2 B3	重い 障がいが 軽い	視覚障がい

係数とは・・・

長い距離を自力で滑るクロスカントリースキーでは、わずかな障がいの差が結果に大きく関わり、クラス分けを設けても公平でない場合が出てきます。このため、クラス（選手）ごとに障がいに応じた係数がかけられます。この係数によって同じカテゴリーの中でも、遅いタイムの選手の方が勝つ場合があります。

	A選手	B選手
実際のタイム	1000秒	1100秒
係数	90%	80%
タイム	900秒	880秒
勝敗	負	勝

シットスキー

使われる用具

座位の選手が使います。スピードを出しやすくするため、シンプルで軽い車体になっています。障がいの軽い選手は正座の姿勢で重心を前にして体をしっかり固定させます。障がいの重い選手は、バランスを保つために重心を後ろにして座ります。

写真提供／オーエックスエンジニアリング

バイアスロン

対象となる障がい者

上肢・下肢・視覚障がい者

どんな競技?

バイアスロンは、クロスカントリースキーとライフル射撃を組み合わせ、かかったタイムを競う北欧生まれの競技です。銃をたずさえて雪原を移動しながら行う冬の狩猟がルーツといわれています。これを上肢や下肢、視覚に障がいのある選手にも参加できるようにくふうしたのがこの競技です。

男女別に、立位、座位、視覚障がいの3つのカテゴリーがあり、障がいの種類や程度によってクラス分けされ、さらに選手ごとに決まった係数が加味されて競技の公平性が保たれます。

競技は、まず周回コースをスキーで滑った後、10m先にある5つの的に向かってライフルを撃ちます。ショート（7.5km）やミドル（12.5km）では、的を外した数だけ、1周80～150mのペナルティループを回らなければなりません。ロング（12.5km）では外した数×1分がタイムに加算されるしくみになっています。

バイアスロンは、スキー走行による呼吸の乱れを整え、気持ちを集中して正確に的を射るという、強い精神力と体力が求められます。選手たちはそれぞれが持つ障がいの種類や程度を乗り越え、この競技にチャレンジしています。

シットスキーをつけたまま倒れこむようにして撃つシッティングエアライフル（写真／日本障害者スキー連盟）。

バイアスロンの競技場は、射撃場とペナルティループ、クロスカントリーコースからなっています。ショート、ミドル、ロングの3つの距離があり、射撃は全て伏射（伏せ撃ち）で行われます。

ペナルティループ

ショートやミドルコースでは、5回射撃を行って的を外した数だけ、このループを回らなければなりません。

クロスカントリーコース

射撃場

10m 先に 5 つの的があります。

2.0cm

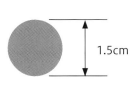
1.5cm

的の大きさ

直径1.5cm。左は実際の大きさで、1円玉（直径2cm）と比べるとその小ささがわかります。

**カテゴリーと
クラス分け**

バイアスロンには、クロスカントリースキーと同様に、スタンディング（立位）・シッティング（座位）・ビジュアリーインペアード（視覚障がい）の3つのカテゴリーがあり、それぞれ障がいの種類や程度によってクラス分けが行われます。

●スタンディング（立位）

立った状態で2本のスキー板で滑ります。射撃ではエアライフルを使って伏せ撃ちします。

エアライフル

クラス	対象となる選手	
LW2 LW3 LW4	障がいが 重い ↑ 軽い	下肢障がい
LW5/7 LW6 LW8	障がいが 重い ↑ 軽い	上肢障がい
LW9		上下肢障がい

●シッティング（座位）

フレームとスキー板が合体した「シットスキー」に乗って滑ります。射撃ではシットスキーをつけたまま倒れこむようにして、エアライフルで伏せ撃ちします。

シットスキー

フレーム

エアライフル

クラス	対象となる選手
LW10 LW10.5 LW11 LW11.5 LW12	障がいが 重い ↑ 軽い 下肢障がい

●ビジュアリーインペアード（視覚障がい）

視覚障がいを補うために、マイクとスピーカーをつけた
ガイドといっしょに滑ります。射撃では、ヘッドフォン
をつけ、的に近づくと音が変わることで標的の位置がわ
かるようにしたビームライフルを使用します。

マイク

スピーカー

クラス	対象となる選手	
B1 B2 B3	重い 障がいが 軽い	視覚障がい

ヘッドフォン

ビームライフル

係数とは・・・ バイアスロンでも、長い距離のスキー走行があり、クラス分けを設けても公平でない
場合が出てくるため、クラス（選手）ごとに障がいに応じた係数がかけられます。こ
の係数によって、同じカテゴリーでも遅いタイムの選手の方が勝つ場合があります。

走法の違い クロスカントリーにはフリー走法とクラシカル走法の2種類がありますが、
バイアスロンのスキー走行はフリー走法のみで行われます。

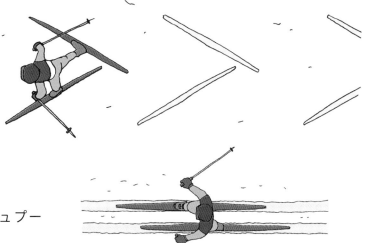

フリー走法
両足を「逆ハ」の字の形に開
き、片足ずつ雪面を蹴ってス
ケートのように滑ります。

クラシカル走法
予め雪上に掘られた2本の溝（シュプー
ル）に沿って滑ります。

スノーボード

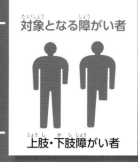

対象となる障がい者

上肢・下肢障がい者

どんな競技?

　2本のスキー板を履き、正面を向いて雪面を滑り降りるスキーに対して、1枚のボードに両足を乗せ、横向きの状態で滑り降りるのがスノーボードです。爪先側とかかと側に体重を交互に移動させることによって、ストックを使わず左右にターンをすることができます。

　障がい者を対象としたスノーボードは、上肢や下肢に障がいのある選手が参加できるようにしたものです。2014年のパラリンピック・ソチ大会から実施され、義足をつけた選手らが、ストックを使わずに華麗なパフォーマンスを見せます。

　種目は大きく2つあります。**バンクドスラローム**は、旗門が設置されたコースを滑り降り、そのタイムを競います。コースには選手たちのターンを助ける傾斜（バンク）がつけられています。1人3回の滑走で、最速の記録で順位が決まります。

　もうひとつは**スノーボードクロス**。バンクやいろいろな形の大小の起伏など、多くの障がい物で構成されたコースを滑ります。予選では単独で滑走し、予選のタイム順に、選手2人ずつによる勝ち抜き戦で決勝が行われます。先にゴールした方が勝ちというシンプルなレースですが、選手の駆け引きが見られ、スリリングな展開となります。

男子スノーボード下肢障がいのクラス（写真／日本障害者スキー連盟）。

クラス分け

上肢障がいの1クラスと、下肢障がいの2クラスがあります。

クラス	対象となる選手	
SB-UL		上肢障がいのある選手。
SB-LL1	重い / 障がいが	膝より上の切断など、重い下肢障がいのある選手。
SB-LL2	軽い	膝より下の切断やまひなど、軽い下肢障がいのある選手。

コースのイメージ

旗門のある傾斜コースを滑るバンクドスラロームと、多くの起伏などで構成される勝ち抜き戦のスノーボードクロスがあります。

バンクドスラローム　　　スノーボードクロス

パラアイスホッケー

対象となる障がい者

下肢障がい者

どんな競技?

アイスホッケーは、氷上でパックを操りながら相手ゴールに入れた得点を競う冬季のスポーツです。選手が激しくぶつかり合うため「氷上の格闘技」とも呼ばれます。パラアイスホッケーのルールなどは、このアイスホッケーに基本的に準じています。

もっとも違うのは、下肢障がいを補うためのそり（スレッジ）に乗ってプレーすることです。ボディチェック（体ごとぶつかること）が認められているため、スレッジ同士がぶつかるときに大き

な金属音がすることがあります。こうしたアイスホッケーに負けない激しさが、パラアイスホッケーの見どころのひとつですが、相手に故意にけがを負わせたりするようなラフプレーや、暴言をはくなどの非紳士的な行為をすると、一定時間退場を課せられるなど、厳しい罰則規定があります。

同時にリンク上に入れるのは、ゴールキーパーを入れて1チーム6人まで。疲労が激しい競技なので、試合中の選手交代が自由に行われます。

車いすバスケットボールのような持ち点制は採用されていません。

氷上の激しいぶつかり合いがパラアイスホッケーの見どころ（写真提供／MA SPORTS）。

アイスホッケーと同じ防具のほかに、パラアイスホッケーならではの用具が使われます。

選手はここに腰を下ろし、動かないように体をベルトでしっかり固定します。

スレッジ（そり）

下肢障がいのある選手のために特別なそりが使われます。

ブレードは2枚からなっていて、選手によって幅が調整されます。

激しくぶつかり合っても、折れたり、曲がったりしないようにフレームが丈夫につくられています。先端は「フットガード」といい、ぶつかり合いできずだらけになります。

スティック

アイスホッケーでは、選手は1本の長いスティックを使いますが、パラアイスホッケーでは2本の短いスティックを両手に持ちます。このスティックには2つの役目があります。

「ブレード」と呼ばれるこの部分は、パックのドリブルやパス、シュートを打つときに使います。

この部分を「ピックエンド」と呼びます。急いで移動したいとき、選手はブレードの方を手に持ち、ピックエンドをつえのように氷につきながら進みます。左の写真のように先端がギザギザになっています。

スティックをたくみに使ったドリブル。左手でピックエンドを使いながら前に進み、右手ではブレードを使ってパックをコントロールします（写真：ZUMA Press/アフロ）。

リンクのイメージ

パラアイスホッケーのゴールやパックは、アイスホッケーと同じものを使用します。

ベンチとペナルティボックスの前は、競技のようすが見られるように、透明のアクリル板になっています。

●ブルーライン

攻撃側の選手が、パックを持つ選手より先にこのラインを越えてアタッキングゾーンに入るとオフサイドの反則になり、フェイスオフになります。（フェイスオフとは、両チーム1人ずつが向かい合って、審判が放つパックを公平に奪い合うプレー）

60m

30m

●アタッキングゾーン

●ゴールポスト
高さ122cm、幅183cmの大きさです。

●ゴールライン

試合の流れ

試合は1ピリオド15分間を3回、合計45分間を戦い、その合計得点を競います。

第1ピリオド 15分	インターバル 15分	第2ピリオド 15分	インターバル 15分	第3ピリオド 15分

●ペナルティボックス

反則した選手は、一定の時間、このボックス内に拘束されます。この場合、図の赤のチームのように相手より人数が多い状態で戦うことを「パワープレー」、青のチームのように少ない状態のことを「キルプレー」といいます。

●フェイスオフスポット

ピリオドの開始のときや、試合が中断されたときなど、審判が氷上に放つパックを奪い合って試合を開始するところ。リンク上に全部で9か所設けられています。

反則とペナルティ

ボディチェックが認められているパラアイスホッケーですが、危険な行為には厳しい罰則があります。

相手を倒したりする軽い反則
➡ 2分間ペナルティボックスへ（1人足りないまま試合続行）。

相手の背後から激しくぶつかるなどのラフプレー
➡ 5分間ペナルティボックスへ（1人足りないまま試合続行）。

スティックをリンク外に投げたり、審判に暴言をはくなどの非紳士的行為
➡ 10分間退場（他の選手との交代はできる）。

相手を故意に負傷させるなどの危険で悪質なプレー
➡ 残りの試合時間退場（他の選手との交代はできる）。

シュート体勢に入った選手を決定的に妨げるプレー
➡ ゴールキーパーと1対1のペナルティショットが相手に与えられる。

●ベンチ

●センターライン

このラインの手前で打ったパックが、だれにもふれずに相手側のゴールラインを越えると、「アイシング（ザ・パック）」という反則になり、自陣のゴールに近いフェイスオフスポットでフェイスオフになります。

車いすカーリング

対象となる障がい者

下肢障がい者

どんな競技?

カーリングは、およそ40m離れた円（ハウス）の中にストーンを投げ、得点を競い合う氷上のゲームです。先を読む頭脳戦が見もので「氷上のチェス」とも呼ばれます。試合は1チーム4人で行われ、投げるストーンは1エンドごとに1人2個ずつ、合計8個。両チームが全て投げ終えた時点で、ハウスの中心に近いストーンを置いたチームが、そのエンドで得点できます。

車いすカーリングは、下肢障がいがあって車いすを使用する人がプレーできる競技です。チームは男女混合で編成され、ストーンを投げるためのデリバリースティックが使用できますが、健常者のカーリングで見られるスウィーピング（氷の表面をブラシでこすること）は行われません。スウィーピングは、ストーンの進み方をある程度コントロールできるようにするものですが、車いすカーリングではそれができないため、刻々と変化する氷の状態を察知し、ストーンを投げる選手が正確にコントロールする技術が必要になります。

このように、車いすカーリングは、カーリングとルールに大きな違いがないため、車いすのチームと健常者のチームが対戦しやすいことがひとつの特徴といえます。

車いすカーリングのようす。デリバリースティックを使ってストーンを投げます（写真／ Ide Hideto）。

スキップ（司令塔）の指示に従って1チーム4人が2投ずつストーンを投げます。後攻チームの4人目が投げ終わった時点で、そのエンドが終了になります。ハウスの中にとどまったストーンのうち、中心に近い方のストーンのチームに得点（最も中心に近い相手のストーンより内側にある数）が入ります。

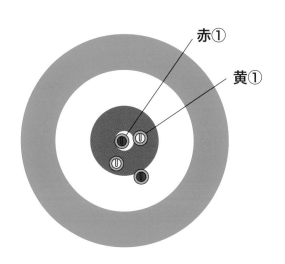

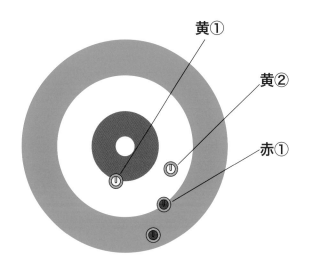

エンドがこのように終わった場合、ハウスの中心に近い赤の得点になります。相手チームの中心に最も近い黄①より内側にあるのが1つのため、赤チームの1点になります。

このように終わった場合は、ハウスの中心に近い黄色の得点になります。相手チームの最も中心に近い赤①より内側に黄①と黄②があるため、黄チームの2点になります。

車いすカーリングの公式大会などでは、第8エンドまで行われ（健常者のカーリングは第10エンド）、合計得点を競います。1つのエンドで得点が入ると、先攻・後攻が入れかわります。ハウスにストーンが残らなかった場合は、ブランク（0点）になり、次のエンドも同じ先攻・後攻の順番になります。

	1	2	3	4	5	6	7	8	合計
Aチーム	0	2	0	1	0	0	3	0	6
Bチーム	1	0	0	0	0	4	0	2	7

カーリングの場合、最後の1投を持つ後攻が有利になります。このため、右図のように後攻ラストショットの時点でハウスに自分のストーンが残っていないときは、あえて1つも残さないようにブランクにして、次のエンドでも後攻を維持し、確実に得点をねらう作戦もあります。

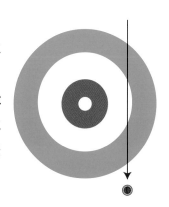

**リンクの
イメージ** シートの長さはおよそ40mあります。デリバリースティックを使って、
スキップの指示に従ってストーンを投げます。

ストーンを投げるときに
車いすが動かないように
支えます。

このラインより手前でストーンを
放さなければなりません。

**いろいろな
テクニック** 「氷上のチェス」と呼ばれるカーリングには、細かい戦略を実行するための
いろいろなショットがあります。

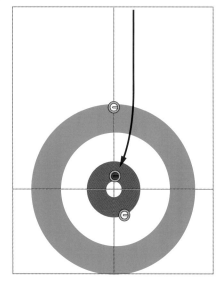

●ドローショット

ストーンがハウスの中にとまるくらいの強さで投げ
ます。曲がる幅と強さ次第で、相手のストーンの裏
に回り込ませたりすることができます。

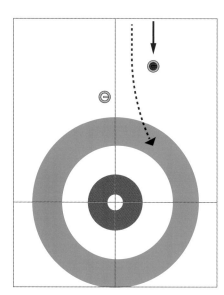

●ガード

図の赤いストーンのように、ハウスの手前でと
まるように投げます。これで、ほかのストーン
が守られ、両チームの駆け引きが始まります。

ストーン

花崗岩（かこうがん）でできていて、直径（ちょっけい）およそ30cm以下、
重さおよそ20kg以下と決められています。

ストーンを投げるときの目標（もくひょう）を、
ブラシで指し示します。

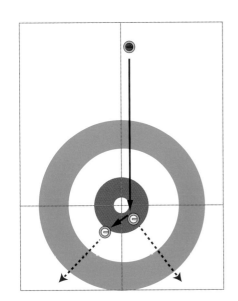

●テイクアウト

プレイエリアからストーンをはじき出します。一度に
2つ出すことを「ダブルテイクアウト」、3つ出すこと
を「トリプルテイクアウト」といいます。

デリバリースティックでストーンを押し出すとき、手の
先を左右にひねると、ストーンに回転がかかり、軌道（きどう）が
カールします。

パラスポーツのイベント

パラリンピック

　4年に一度、肢体不自由・視覚障がい・知的障がいなどの障がいのあるトップアスリートが出場できる、世界最高峰の国際競技大会です。オリンピックと同じ年に同じ場所で開催されることになっています。2020年8〜9月に開かれる予定だったパラリンピック・東京大会は、新型コロナウイルス感染拡大の影響で開催が1年延期され、2021年8〜9月に開かれることになっています（2020年10月現在）。

【日本パラリンピック委員会】

https://www.jsad.or.jp/paralympic/

リオ2016パラリンピック開会式のようす（写真：picture alliance/アフロ）。

2017年トルコで行われたデフリンピック
（写真：Abaca/アフロ）。

デフリンピック

　4年に一度、聴覚障がい者を対象に行われる国際的な総合スポーツ競技大会です。歴史はパラリンピックよりも古く、1924年に夏季の大会が始まりました。競技中の補聴器などの使用は認められておらず、音が聞こえない状態でプレーするため、目で見えるコミュニケーションを大事にするシーンが見られます。

【全日本ろうあ連盟】

https://www.jfd.or.jp/sc/deaflympics

スペシャルオリンピックス

　知的障がい者のためのスポーツ活動です。一人ひとりの障がいの程度に合わせて継続的にトレーニングを受け、その発表の場として大会や競技会が催されます。スペシャルオリンピックス日本では、これまで1995年から4年に一度ずつ全国大会を開催。現在、夏季の17競技、冬季の7競技を実施しています。

【スペシャルオリンピックス日本】

https://www.son.or.jp

スペシャルオリンピックスの世界大会のようす。成績に関係なく、トレーニングから大会までやり抜いた全ての障がい者が表彰されます（写真提供／スペシャルオリンピックス日本）。

全国障害者スポーツ大会

障がい者の全国スポーツ大会です。1965年より36回にわたり開催されてきた全国身体障害者スポーツ大会と、1992年より8回（第4回大会中止）にわたり開催されてきた全国知的障害者スポーツ大会（ゆうあいピック）が統合され、新たに「全国障害者スポーツ大会」として開催されることとなりました。2001年の初開催以降、毎年国体の終了後に同じ場所で行うことになっています。2019年茨城大会は台風により中止、2020年鹿児島大会は新型コロナウイルス感染拡大により、延期となりました（2020年8月現在）。

【日本障がい者スポーツ協会】
https://www.jsad.or.jp/

2013年の全国障害者スポーツ大会（東京）開会式のようす（写真：アフロスポーツ）。

2015年のジャパンパラ水泳競技大会のようす（写真：YUTAKA/アフロスポーツ）。

【水泳】
ジャパンパラ水泳競技大会

日本障がい者スポーツ協会と障がい者水泳の団体が共催する、強化を目的とした障がい者水泳の大会です。参加標準記録が設定され、国内最高峰の競技の場になっています。2020年5月に予定されていた「2020ジャパンパラ水泳競技大会」は、新型コロナウイルス感染拡大によって中止になりましたが、2021年5月には「2021ジャパンパラ水泳競技大会」として2年ぶりに開催される予定です。

【ジャパンパラ競技大会】
https://www.jsad.or.jp/japanpara/swimming/

【カヌー】
パラマウントチャレンジカヌー

カヌーが大好きな人も全く経験のない人も、障がいのある人もない人も、大人も子どもも関係なく、みんなでカヌーを漕ぐ楽しさを味わおうというイベントです。全国各地で開かれ、「パラチャ」と呼ばれて親しまれています。

【日本障害者カヌー協会】
https://www.japan-paracha.org/

写真／日本障害者カヌー協会

さくいん

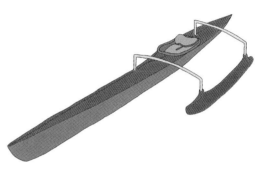

（ふじたもとあき）

監修 **藤田紀昭** 日本福祉大学教授

博士（社会福祉学）。1962年香川県生まれ。
筑波大学大学院修士課程修了。2017年より日本福祉大学スポーツ科学部 学部長。スポーツ庁（文部科学省）「オリンピック・パラリンピック教育に関する有識者会議」委員などを歴任。『パラリンピックの楽しみ方』（小学館）など、障がい者スポーツ研究の著書多数。

● 構成・文　　グループ・コロンブス（鎌田達也）
● イラスト　　丸岡テルジロ
　　　　　　　堀江篤史
● 写真　　　　アフロ
● 装丁デザイン　村﨑和寿（murasaki design）
● 校正　　　　鷗来堂

● 編集協力（敬称略）
日本障がい者スポーツ協会・日本身体障がい者水泳連盟・
日本ボート協会・日本障害者カヌー協会・日本障害者スキー連盟・
オーエックスエンジニアリング・日本パラアイスホッケー協会・
日本車いすカーリング協会・日本パラリンピック委員会・
全日本ろうあ連盟・スペシャルオリンピックス日本
【表紙写真協力】日本障害者スキー連盟・日本障害者カヌー協会

決定版!

パラスポーツ大百科 **6**

［水泳・ウィンタースポーツ ほか］

2020 年 11 月 30 日　第 1 刷発行

監　修　　　藤田紀昭
発行者　　　岩崎弘明
発行所　　　株式会社岩崎書店
　　　　　　〒 112-0005　東京都文京区水道 1-9-2
　　　　　　電話（03）3812-9131（営業）／（03）3813-5526（編集）
　　　　　　振替 00170-5-96822
　　　　　　ホームページ：http://www.iwasakishoten.co.jp
印　刷　　　株式会社光陽メディア
製　本　　　大村製本株式会社

©2020 Group Columbus
ISBN978-4-265-08836-2　48 頁　29 × 22cm NDC780
Published by IWASAKI Publishing Co.,Ltd.　Printed in Japan
ご意見・ご感想をお寄せください。　e-mail : info@iwasakishoten.co.jp
落丁本・乱丁本は小社負担でおとりかえいたします。

決定版!

パラスポーツ大百科 全6巻

監修 **藤田紀昭** 日本福祉大学教授

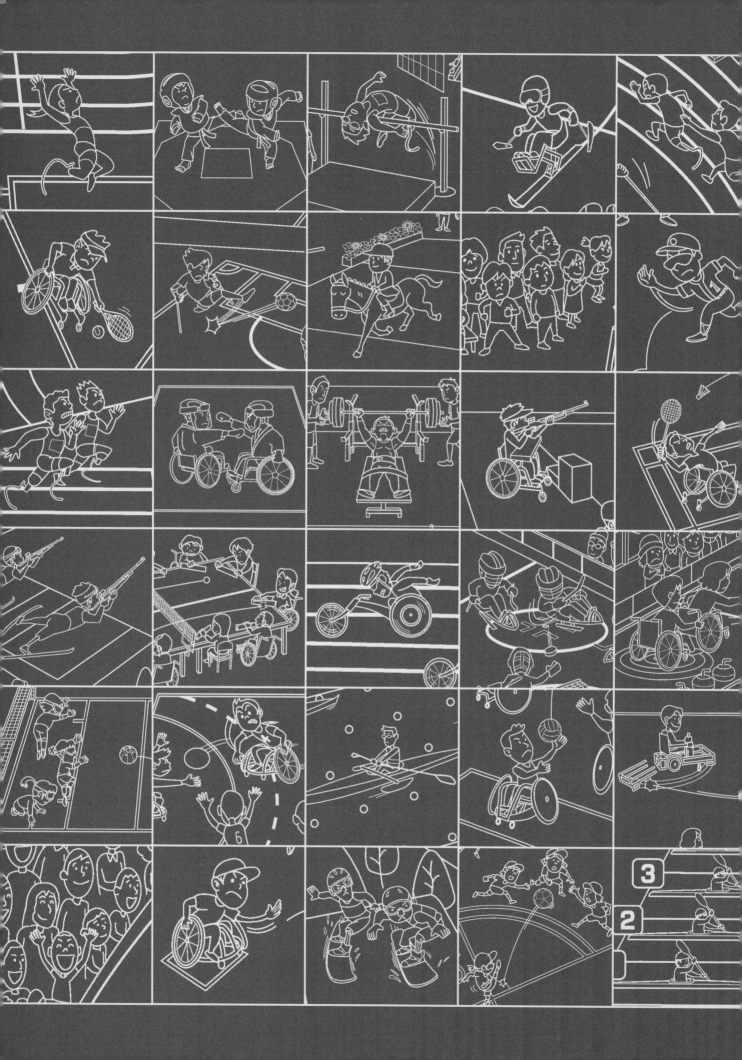